LOW CARB
VEGETARISCH

WICHTIGER HINWEIS

Alle Angaben, Ratschläge und Tipps in diesem Buch wurden nach dem aktuellen Wissensstand sorgfältig erarbeitet. Dennoch erfolgen alle Angaben ohne Gewähr. Verlag und Autorinnen haften nicht für eventuelle Nachteile und Schäden, die aus den im Buch gemachten praktischen Hinweisen resultieren. Die in diesem Buch enthaltenen Ratschläge ersetzen nicht die Untersuchung und Betreuung durch einen Arzt.

AUTORIN

Marie Gründel studierte Ernährungswissenschaften an der Justus-Liebig-Universität Gießen. Anschließend arbeitete sie mehrere Jahre in einem führenden deutschen Ratgeberverlag. Heute ist sie als Fachjournalistin für Gesundheits- und Genussthemen tätig.

TEXTE UND REZEPTE

Einleitung: Marie Gründel
Rezepte: Sophie Bromberg (S. 92 u. 109), Annerose Sieck (S. 110), Christina Wiedemann (S. 41), Marie Gründel (alle übrigen)

BILDNACHWEIS

Rezeptfotos: Studio Klaus Arras (S. 40), TLC Fotostudio (alle übrigen)
Schmuckfotos: Fotolia.com: © michaeljung (S. 6), © Daxiao Productions (S. 8), © byallasaa (S. 10)

BACKOFENTEMPERATUREN

Die Backofentemperaturen in diesem Buch beziehen sich auf einen Elektroherd mit Ober- und Unterhitze. Falls Sie mit Umluft arbeiten, reduzieren Sie die Temperatur um 20 °C. Wenn nicht anders angegeben, die mittlere Einschubleiste zum Backen verwenden.

ABKÜRZUNGEN

ca. = circa	kg = Kilogramm
cm = Zentimeter	KH = Kohlenhydrate
E = Eiweiß	kJ = Kilojoule
El = Esslöffel	l = Liter
F = Fett	ml = Milliliter
FP = Fertigprodukt	Msp. = Messerspitze
g = Gramm	Tl = Teelöffel
kcal = Kilokalorien	TK = Tiefkühlware

MASSE

1 Tl = 5 ml	¼ l = 250 ml
1 El = 10 ml	½ l = 500 ml
⅛ l = 125 ml	1 l = 1000 ml

LOW CARB
VEGETARISCH

INHALT

EINLEITUNG 6

SALATE & SUPPEN 12
Leichtes Fit Food

GEMÜSENUDELN 38
Zoodles & Co.

KÄSE & EI 56
Leckere Sattmacher

GEMÜSE SATT 86
Bunt & raffiniert

REZEPTVERZEICHNIS 112

LOW CARB
Abnehmen mit Genuss

Kohlenhydrate mussten in letzter Zeit massive Kritik einstecken: Schuld seien sie am stetig steigenden Übergewicht und weiteren Krankheiten. Nudeln, Reis, Kartoffeln, Brot und Brötchen bestimmen nahezu jede Mahlzeit, Kuchen und Gebäck gibt es an jeder Ecke – die gesamte westliche Ernährung ist auf Kohlenhydrate als Hauptenergiespender ausgerichtet. Von Kindesbeinen an gibt es Müsli oder Toastbrot zum Frühstück, Pausenbrot in der Schule, Nudeln oder Pizza zum Mittag und ein dick belegtes Käsebrot mit Butter zum Abendessen. Und das soll jetzt plötzlich krank machen?

Kohlenhydrate sind für den Körper eine wichtige Energiequelle. Doch sind Kohlenhydrate nicht gleich Kohlenhydrate. Kurzkettige Kohlenhydrate, wie Zucker und Weißmehl, werden vom Körper rasch zersetzt, der Blutzuckerspiegel rast in die Höhe und sinkt danach rapide in den Keller. Die Folge: Heißhunger! Ein Teufelskreis entsteht: Diese Kohlenhydrate steigern das Verlangen nach „immer mehr" und begünstigen dadurch Übergewicht mit seinen Begleit- und Folgeerkrankungen wie Diabetes mellitus, Bluthochdruck und Herz-Kreislauf-Beschwerden. Langkettige Kohlenhydrate hingegen, wie sie in Ballaststoffen oder resistenter Stärke enthalten sind, können vom Körper nicht so schnell zersetzt werden. Sie werden erst nach und nach durch die Verdauungsenzyme abgebaut und freigesetzt – so bleibt der Blutzuckerspiegel von hohen Schwankungen verschont und Sie bleiben zudem länger satt.

WUNDERWAFFE LOW CARB

Der Begriff „Low Carb" stammt aus dem Englischen. „Carb" steht für „Carbohydrates" und bedeutet „Kohlenhydrate". Low Carb heißt also nichts anderes als „wenig Kohlenhydrate". Menschen, die Übergewicht reduzieren oder ihrer Gesundheit etwas Gutes tun wollen, reduzieren Kohlenhydrate. Vor allem die kurzkettigen Kohlenhydrate aus Weißmehl und Zucker sollten zu diesem Zweck eingespart und ersetzt werden, denn diese verursachen wie schon beschrieben Blutzuckerschwankungen mit einhergehendem Heißhunger und der Gefahr für Übergewicht. Wer kohlenhydratreduziert isst und seinen Teller mit magerem Protein und guten Fettquellen füllt, kann damit Übergewicht bekämpfen und Gewicht verlieren.

Außer den Blutzuckerschwankungen, die kurzkettige Kohlenhydrate auslösen, werden von der Low-Carb-Bewegung auch die menschlichen Gene als Argument für eine kohlenhydratreduzierte Kost herangezogen. Die These: Schon die Urmenschen haben sich kohlenhydratarm ernährt. Im Sommer gab es wenige Früchte, vor allem aber eiweiß- und fettreiches Fleisch, Pilze und was Wald und Wiesen sonst noch so hergaben. Laut dieser Theorie ist der Mensch also genetisch gar nicht für die hohe Kohlenhydratzufuhr gerüstet und verfettet dementsprechend unter der Last der westlichen Küche.

Um dem zu entgehen, müssen die Kohlenhydrate reduziert werden, es gibt ab jetzt „Low Carb". Low Carb enthält reichlich Eiweiß, welches gut und langanhaltend sättigt. Zwischenmahlzeiten fallen weg, Kalorien werden gespart, das Gewicht sinkt bei guter Laune und sattem Bauch. Außerdem werden durch das Meiden oder Reduzieren von Brot, Brötchen, Gebäck und Süßem viele Kalorien eingespart, was sich wiederum auf der Waage bemerkbar macht.

Doch es gibt noch einen weiteren Grund, warum Low Carb so gut funktioniert: Insulin! Insulin ist ein körpereigenes Hormon, das ausgeschüttet wird, wenn Zuckermoleküle ins Blut gelangen. Sobald sich Insulin im Blut befindet, wird kein Fett mehr abgebaut, da die bevorzugte Energieform des Körpers Zucker ist. Ist der Zucker aus dem Blut verschwunden, greift der Körper auf die Zuckerdepots in Form von Glykogen in Muskeln und der Leber zurück. Und erst wenn auch die Vorräte erschöpft sind, greift der Körper die Fettdepots an. Denn es ist für den Körper sehr mühsam, Fett so umzubauen, dass er dieses als Energie für sich nutzen kann. Deshalb gilt: Solange Insulin im Blut verfügbar ist, kann Mensch machen was er will, die Fettreserven sind blockiert, da gibt es kein Rankommen.

Je mehr Kohlenhydrate verspeist werden, desto schwieriger ist es, die Rettungsringe wieder loszuwerden. Schon ein Glas Apfelschorle am Nachmittag nach dem Joggen reicht, um der Fettverbrennung einen Riegel vorzuschieben. Denn sobald sich Zucker im Blut befindet und Insulin ausgeschüttet wird, ist Schluss mit der Fettverbrennung – egal, wie schweißtreibend und anstrengend der Lauf zuvor war.

> **Positive Low-Carb-Effekte**
>
> - Macht durch den hohen Proteinanteil länger satt.
> - Spart Kalorien, da Zwischenmahlzeiten aus Süßem oder Mehligem wegfallen.
> - Ist die Ernährungsform, auf die unser Körper seit der Steinzeit programmiert ist.
> - Verhindert eine ständige Insulinausschüttung und ermöglicht dadurch erst den Fettabbau.

DIE ATKINS-DIÄT

Dr. Robert Atkins war ein amerikanischer Kardiologe, der schon in den 70er Jahren die Meinung vertrat, dass eine Ernährung basierend auf Fleisch, Fisch, Eiern und Käse die Pfunde zum Schmelzen bringen würde. Der Fettgehalt spiele dabei keine Rolle. Einzig kohlenhydrathaltige Lebensmittel durften in nur geringen Mengen auf dem Speiseplan stehen.

Zwar nahmen die Menschen damit tatsächlich rasch ab, aber ein hoher Fettverzehr und Kohlenhydratmangel können langfristig zu Herz-Kreislauf-Beschwerden und Nierenproblemen, aber auch zu Obstipation, also Verstopfung, führen. Durch die Einseitigkeit dieser Ernährungsform können wichtige Nährstoffe zu kurz kommen, sie ist potenziell gesundheitsgefährdend und daher nicht zu empfehlen. Dennoch war mit dieser Diät quasi die Idee der Kohlenhydratreduktion zum Gewichtsverlust geboren.

LOW-CARB-VARIANTEN

Während Atkins einen Kohlenhydratanteil von 15 % vorsah, gehen die meisten heutigen Empfehlungen mit der Kohlenhydratmenge moderater um. Eine Variante von Low Carb sieht eine Kohlenhydratmenge von 70–120 g pro Tag vor. Eine andere legt die Kohlenhydratmenge mit weniger als 40 % der Tagesenergiebilanz fest. Wieder andere Varianten berücksichtigen nicht nur die Kohlenhydratmenge, sondern auch die Geschwindigkeit, in der die aufgenommenen Kohlenhydrate den Blutzuckerspiegel erhöhen, da ein schnell in die Höhe schießender Blutzuckerspiegel auch mit einer hohen Insulinausschüttung einhergeht. Das LOGI-Programm (Low Glycemic and Insulinemic Diet) steht etwa für eine solche Variante der Low-Carb-Ernährung, die sehr eiweißreich und zudem zucker- und stärkereduziert ist. Eine weitere kohlenhydratmodifizierte Ernährung sieht nur abends eine Low-Carb-Mahlzeit vor. Der Gedanke dahinter: Wer abends keine Kohlenhydrate isst, zwingt den Körper dazu, nachts zuerst die Kohlenhydratspeicher zu leeren und für weitere Energiegewinnung Fett zu verbrennen.

Das Low-Carb-Programm in diesem Buch sieht eine kohlenhydratmodifizierte Ernährung mit einem Kohlenhydratanteil von unter 40 % am Tag vor (siehe auch Abschnitt „Low Carb: So funktioniert's"). Das lässt sich gut durchhalten, ist im Alltag einfach umzusetzen, und das Abnehmen klappt besser, weil durch die geringeren Insulinmengen der Fettabbau ermöglicht wird.

Ganz ohne Kohlenhydrate kann man zwar eine Zeit lang leben, aber auf Dauer nicht gesund bleiben. Der absolute Verzicht auf Obst, Gemüse, Getreide und weitere Kohlenhydratquellen geht mit einem starken Nährstoffmangel einher und die Risiken für Herz-Kreislauf-Erkrankungen steigen. Außerdem kann eine solch strikte Variante kaum jemand dauerhaft durchhalten. Aus gesundheitlichen sowie motivatorischen Gründen ist es daher nicht zu empfehlen, gänzlich auf Kohlenhydrate zu verzichten.

WORIN VERSTECKEN SICH KOHLENHYDRATE?

Wer auf Kohlenhydrate verzichten oder diese zumindest reduzieren möchte, muss wissen, worin sich diese befinden, teilweise gar verstecken.

Als grobe Faustregel gilt: Alles mit Zucker, Stärke oder Getreide enthält Kohlenhydrate. Damit fallen auch viele Snacks, Lieblingsgerichte und typische Beilagen weg. Konventionelles Brot, Brötchen, Kuchen, Gebäck, Nudeln, Kartoffeln, Reis, Mehl, Pommes, Pizza und Döner – das alles ist nicht mehr in größeren Mengen erlaubt. Ausnahmen (in Maßen) bilden Brot, Brötchen, Kuchen, Gebäck & Co., die mit low-carb-tauglichen Zutaten (u. a. Mehle und Süßungsmittel) hergestellt wurden.

Aber auch die meisten Obstsorten enthalten jede Menge Kohlenhydrate in Form von Fruchtzucker. Versteckte Kohlenhydrate lauern vor allem dort, wo man sie nicht vermutet: in Ketchup, Fruchtjoghurt, gesüßten Pflanzendrinks (Soja-, Hafer-, Reis-, Mandeldrink), Fertigsaucen, Rotkohl im Glas, Crema di Balsamico etc.

WAS IST LOW-CARB-TAUGLICH?

Um sich im Kohlenhydratdschungel zurechtzufinden, helfen ganz allgemein zwei einfache Faustregeln: Vermieden werden sollten zu viele Kohlenhydrate aus Zucker, Stärke, Getreide und Teigwaren. Vegetarier dürfen bei naturbelassenen Milchprodukten, naturbelassenen Sojaprodukten, Eiern, Nüssen und Samen, Öl, grünem Gemüse wie etwa grüne Bohnen, Gurke oder Mangold zugreifen.

Das bedeutet allerdings nicht, dass Sie nie wieder Eis oder Brötchen essen dürfen. Das wäre kontraproduktiv, da diese Regeln nur bewirken, dass erst Recht Heißhunger auf das Verbotene ausbricht. Aber: Überlegen Sie einmal, wie oft bei Ihnen Kohlenhydrate auf den Teller kommen. Brot und Müsli zum Frühstück? Zwischendurch eine Banane oder einen Schokoriegel? Und abends schnell eine Pizza? Genau da können Sie ansetzen!

VEGGIE-LOW-CARB-TAUGLICH	NICHT LOW-CARB-TAUGLICH
• naturbelassene Milchprodukte	• Lebensmittel mit Zucker
• naturbelassene Sojaprodukte	• Stärkehaltige Lebensmittel
• Eier	• Lebensmittel aus Getreide
• Nüsse und Samen	• Teigwaren
• Öl	
• grünes Gemüse	

LOW CARB: SO FUNKTIONIERT'S

Entrümpeln Sie Ihre alten Essgewohnheiten, schmeißen Sie zu viele Kohlenhydrate raus und steigen Sie auf gute Proteinquellen um. Warum nicht mal ein Omelett zum Frühstück oder Tofu mit grünem Salat als Abendmahlzeit? Und statt Brötchen mit Marmelade essen Sie nur ein halbes Brötchen mit Käse oder Kräuterquark.

Wie schon im Abschnitt „Low-Carb-Varianten" beschrieben, sollte der Kohlenhydratanteil Ihrer Mahlzeiten pro Tag unter 40 % liegen, d. h. maximal 40 % der Gesamtkalorien pro Tag werden durch Kohlenhydrate zugeführt (der Rest fällt auf Fette und Proteine). Kohlenhydrate enthalten ca. 4 kcal pro Gramm. Das bedeutet: Bei einer Gesamtkalorienaufnahme von beispielsweise 1200 kcal täglich machen Kohlenhydrate 120 g aus, bei einer Gesamtkalorienaufnahme von 1800 kcal am Tag liegt die empfohlene Kohlenhydratmenge bei 180 g.

Wenn Sie also gerne mal ein kohlenhydratreicheres Dessert genießen möchten, essen Sie zu den anderen Mahlzeiten etwas, das wenige bis gar keine Kohlenhydrate enthält, z. B. Spiegelei mit Räuchertofu. Am einfachsten behalten Sie die Kontrolle, wenn Sie bei jeder Mahlzeit darauf achten, dass der Kohlenhydratanteil unter 40 % liegt.

Wer abnehmen möchte, sollte darauf achten, eher proteinreich und fettbewusst zu essen. Proteine sättigen langanhaltend und sind daher fester Bestandteil jeder Mahlzeit. Achten Sie bei den Fetten darauf, möglichst viele „gute" Fette, also mehrfach ungesättigte Fettsäuren, zu sich zu nehmen. In der Praxis bedeutet das beispielsweise Oliven- oder Rapsöl statt Butter oder Avocado statt Gouda in den Salat.

Low-Carb-Regeln

- weniger als 40 % Kohlenhydrate pro Tag
- auf gute Fette achten
- Proteine bei jeder Mahlzeit
- viel Salat und grünes Gemüse
- regelmäßig Nüsse und Samen

Am besten Sie verschwenden gar nicht so viele Gedanken an das, was Sie nicht mehr dürfen. Damit die neuen Lebensmittel in Ihrem geänderten Speiseplan bald zur Routine werden, konzentrieren und freuen Sie sich auf und über das, was ab jetzt auf Ihren Teller kommt. Denn mit den richtigen Rezepten macht Low Carb auch kulinarisch betrachtet sehr viel Spaß, und das ganz ohne Fleisch, Wurst, Fisch und Meeresfrüchte.

FÜR VEGETARIER GEEIGNETE KOHLENHYDRATARME LEBENSMITTEL

Gemüse & Salat	Blumenkohl, Brokkoli, Spinat, grüne Bohnen, Auberginen, Sauerkraut, Spargel, Gurken, Tomaten, Zucchini, Weißkohl, Wirsing, Zwiebeln, Rhabarber, Feldsalat, Blattsalat
Obst	Papaya, Brombeeren, Himbeeren, Zitrone, Avocado
Nüsse & Samen	Leinsamen, Pekannüsse, Pistazien, Paranüsse, Mandeln, Macadamianüsse, Kokosnüsse, Mohn
Milch & Milchprodukte	Kuhmilch, Schafmilch, Buttermilch (Natur), Kefir (Natur), Joghurt (Natur), Crème fraîche, Sahne, Schmand, Feta, Frischkäse, Hartkäse, Weichkäse, Mascarpone, Ricotta, Quark
Sojaprodukte	Tofu (Natur), Räuchertofu, Sojaschnetzel, Sojamilch (ungesüßt)
Eier	

SALATE & SUPPEN

Leichtes Fit Food

SCHICHTSALAT
mit Avocado und Feta

 4 Portionen

 ca. 35 Minuten

 Pro Portion ca. 466 kcal/1951 kJ, 13 g E, 38 g F, 12 g KH

ZUTATEN

2 kleine, reife Avocados
1 Knoblauchzehe
½ Zitrone
Salz
Pfeffer
2 kleine, rote Paprikaschoten
½ kleiner Eisbergsalat
16 schwarze Oliven ohne Stein
1 kleines Bund Frühlingszwiebeln
400 g Kirschtomaten
200 g Feta
50 ml Olivenöl

Außerdem

4 Schraubgläser
à 250 ml

1 Die Avocados halbieren, entkernen, mit einem Löffel das Fruchtfleisch aus der Schale lösen, grob würfeln und in eine Schüssel geben. Die Knoblauchzehe schälen und fein hacken. Die Zitronenhälfte auspressen. Die Hälfte des Zitronensafts und den Knoblauch zu den Avocadowürfeln geben und mit einer Gabel zerdrücken, bis eine homogene Masse entsteht. Diese mit Salz und Pfeffer abschmecken.

2 Die Paprika waschen, putzen und klein würfeln. Den Eisbergsalat waschen, trocken schütteln und in feine Streifen schneiden. Die Oliven in feine Ringe schneiden. Die Frühlingszwiebeln waschen, die Enden abschneiden und ebenfalls in feine Ringe schneiden. Die Tomaten waschen und halbieren. Den Feta aus der Verpackung nehmen, abtropfen lassen und würfeln. Den restlichen Zitronensaft mit dem Olivenöl mischen und mit Salz und Pfeffer kräftig abschmecken.

3 Die Salatstreifen gleichmäßig in die 4 Schraubgläser schichten, darauf die Tomatenwürfel geben und das Olivenöl darüberlaufen lassen. Dann die Fetastücke hinzufügen, die Frühlingszwiebeln und Paprikawürfel hinzufügen und mit der Avocadocreme und den Oliven bedecken.

4 Die Gläser verschließen und im Kühlschrank bis zum Verzehr aufbewahren.

TIPP
Eignet sich gut zum Mitnehmen fürs Büro, Picknick oder für eine Grillparty.

ROTKOHLSALAT
mit Camembert

1 Den Rotkohl waschen, fein hobeln, in eine Schüssel geben, mit dem Salz mischen und mit Küchenhandschuhen 3 Minuten kräftig durchkneten. Danach ½ Stunde abgedeckt ruhen lassen. Die Himbeeren antauen lassen. Die Haselnüsse in einer beschichteten Pfanne ohne Fett anrösten, bis sie aromatisch zu duften beginnen. Dann aus der Pfanne nehmen und zur Seite stellen.

2 Die Himbeeren mit etwas Pfeffer, dem Essig, dem Öl und 4 Esslöffeln Wasser zu einem Dressing pürieren.

3 Den Feldsalat putzen, waschen, trocken schütteln und anrichten. Das Rotkraut über einem Sieb kräftig ausdrücken, dann mit dem Himbeerdressing mischen und zum Salat geben. Den Camembert in Streifen schneiden, die Nüsse fein hacken und mit beidem den Salat garnieren.

- 4 Portionen
- ca. 40 Minuten
- Pro Portion ca. 349 kcal/1461 kJ, 14 g E, 28 g F, 8 g KH

ZUTATEN
500 g Rotkohl
2 El Salz
150 g Himbeeren (TK)
30 g Haselnüsse
Pfeffer
6 El Weißweinessig
4 El Haselnussöl
200 g Feldsalat
200 g Camembert

TIPP
Wenn frische Himbeeren Saison haben, ein paar davon als Salatgarnitur verwenden.

SALATE & SUPPEN

MELONENSALAT
mit Gurke und Schafskäse

 4 Portionen

 ca. 25 Minuten

 Pro Portion ca. 302 kcal/1264 kJ, 11 g E, 23 g F, 10 g KH

ZUTATEN
2 rote Zwiebeln
1 Knoblauchzehe
4 El mildes Olivenöl
200 g kernlose Wassermelone
2 Salatgurken
200 g Schafskäse
4 Stängel Oregano
Salz
Pfeffer

1 Die Zwiebeln und den Knoblauch schälen, die Zwiebeln in feine Ringe, den Knoblauch in feine Scheiben schneiden. Das Öl in einer beschichteten Pfanne erhitzen und Zwiebeln und Knoblauch darin anbraten, bis beide Farbe angenommen haben. Dann etwas abkühlen lassen.

2 Die Schale der Wassermelone entfernen und das Fruchtfleisch etwa 1 Zentimeter groß würfeln. Die Gurken waschen, putzen und ebenfalls in 1 Zentimeter große Würfel schneiden. Den Schafskäse aus der Verpackung nehmen, abtropfen lassen und ebenfalls 1 Zentimeter groß würfeln. Den Oregano waschen, die Blättchen abzupfen und fein hacken.

3 Melonen-, Gurken- und Schafskäsewürfel in einer Schüssel vorsichtig mit der Zwiebel-Knoblauchmasse vermengen, salzen und pfeffern. Mit Oregano bestreut servieren.

SALATE & SUPPEN

SPINAT-SALAT
mit Brokkoli und Blauschimmelkäse

1 Babyspinat, Brokkoli, Kräuter und Blaubeeren waschen. Den Babyspinat und die Blaubeeren abtropfen lassen, die Kräuter trocken schütteln. Die Brokkoliröschen abtrennen, den Strunk gründlich schälen und fein würfeln. Die Knoblauchzehe schälen. Die Brokkoliröschen und den Strunk zusammen mit dem Knoblauch in einen Topf mit wenig Wasser geben und 3 Minuten blanchieren, anschließend in ein Sieb geben und abschrecken.

2 Die Blättchen der Kräuter abtrennen und fein hacken. Die Avocado halbieren, entkernen, mit einem Löffel das Fruchtfleisch aus der Schale lösen und in Streifen schneiden. Die Rinde des Blauschimmelkäses entfernen.

3 Den Knoblauch zusammen mit Joghurt, Buttermilch, Salz und Pfeffer zu einem Dressing mixen. Nach Belieben noch etwas Wasser hinzufügen und mit Salz und Pfeffer abschmecken.

4 Den Babyspinat mit den Kräutern vermengen und auf einer Servierplatte anrichten. Den Brokkoli und die Avocado daraufschichten. Mit dem Dressing beträufeln und die Blaubeeren darübergeben. Den Blauschimmelkäse in Stücke brechen und darauf verteilen. Mit den Sonnenblumenkernen bestreut servieren.

 4 Portionen

 ca. 25 Minuten

 Pro Portion ca. 397 kcal/1662 kJ, 14 g E, 32 g F, 11 g KH

ZUTATEN

250 g Babyspinat

150 g Brokkoli

1 kleines Bund gemischte Kräuter (z.B. Petersilie, Schnittlauch, Dill, Basilikum, Bohnenkraut, Estragon)

50 g Blaubeeren

1 Knoblauchzehe

1 reife Avocado

150 g Blauschimmelkäse, z.B. Gorgonzola

200 g griechischer Joghurt

200 ml Buttermilch

Salz, Pfeffer

3 Tl Sonnenblumenkerne

SALATE & SUPPEN

Falscher
KARTOFFELSALAT

 4 Portionen

 ca. 30 Minuten (plus Marinierzeit)

 Pro Portion ca. 439 kcal/1838 kJ, 13 g E, 39 g F, 8 g KH

ZUTATEN

1 kg Blumenkohl
Salz
1 Zwiebel
200 g Gewürzgurken
4 hart gekochte Eier
150 g Mayonnaise (80 % Fett)
1 El Apfelessig
1 El mittelscharfer Senf
Pfeffer
1 Frühlingszwiebel

1 Den Blumenkohl putzen, waschen und ca. 2 Zentimeter große Röschen abtrennen. Diese in kochendem Salzwasser ca. 10 Minuten bissfest garen und anschließend abtropfen lassen.

2 Die Zwiebel schälen und fein hacken. Die Gurken abtropfen lassen, den Sud dabei auffangen und die Gurken fein würfeln. Die Eier pellen und ebenfalls fein würfeln. Die Mayonnaise mit 50 Milliliter Gurkensud, Essig und Senf zu einem Dressing verrühren und mit Salz und Pfeffer abschmecken.

3 Die Blumenkohlröschen mit Zwiebel, Gurken und Eiern in eine Schüssel geben und das Dressing untermengen. Den Salat 1–2 Stunden im Kühlschrank abgedeckt ziehen lassen.

4 Die Frühlingszwiebel waschen, putzen und in feine Ringe schneiden. Den Kartoffelsalat mit den Frühlingszwiebelringen bestreut servieren.

 TIPP

Blumenkohl hat nur wenig Kohlenhydrate und lässt sich wunderbar als Kartoffel- oder Reisersatz verwenden. Lassen Sie Ihrem Geschmack und Ihrer Fantasie beim Kochen freien Lauf!

ZUCCHINI-CARPACCIO

1 Die Zucchini waschen, putzen und in feine Scheiben hobeln. Das Basilikum waschen, trocken schütteln, die Blättchen abzupfen und in feine Streifen schneiden. Die Zwiebel schälen und in feine Ringe schneiden. Die Zitronen heiß abspülen und trocken reiben. Die Hälfte der Schale fein abreiben und den Saft auspressen.

2 Die Zucchinischeiben auf einer Servierplatte überlappend anrichten. Die Zwiebelringe darübergeben, mit Salz und Pfeffer würzen und mit dem Zitronensaft und -abrieb und dem Olivenöl beträufeln. Das Basilikum darüberstreuen, den Ziegenfrischkäse in kleinen Nocken darauf anrichten und den Parmesan darüberhobeln.

 4 Portionen

 ca. 20 Minuten

 Pro Portion ca. 752 kcal/3148 kJ, 26 g E, 67 g F, 9 g KH

ZUTATEN

4 große Zucchini (ca. 800 g)
8 Stängel Basilikum
1 kleine Zwiebel
2 große unbehandelte Zitronen
Salz
Pfeffer
200 ml Olivenöl
140 g Ziegenfrischkäse
200 g Parmesan

INFO

Ziegenfrischkäse und Parmesan enthalten so gut wie keine Kohlenhydrate und geben dem Carpaccio eine frische und würzige Note. Ein ideales Gericht, wenn es mal schnell gehen muss.

RUCOLASALAT
mit Tomaten und Burrata

1 Den Backofen auf 220 °C (Umluft nicht empfehlenswert) vorheizen. Die Tomaten waschen, trocken tupfen und auf einem mit Backpapier ausgelegten Backblech verteilen. Die Knoblauchzehen schälen und zu den Tomaten geben. Alles mit dem Olivenöl gründlich vermengen und im vorgeheizten Ofen ca. 15 Minuten backen. Anschließend salzen.

2 Den Rucola waschen, trocken schütteln und auf einer Servierplatte anrichten. Den Burrata aus der Verpackung nehmen und abtropfen lassen. Den Rucola mit dem Aceto Balsamico beträufeln, die Tomaten und den Knoblauch darübergeben und den Burrata in kleinen Stücken darauf anrichten.

 4 Portionen

 ca. 20 Minuten

 Pro Portion ca. 537 kcal/2248 kJ, 13 g E, 46 g F, 13 g KH

ZUTATEN
800 g Kirschtomaten
4 Knoblauchzehen
6 El Olivenöl
Salz
375 g Rucola
400 g Burrata
(alternativ Mozzarella)
4 El Aceto Balsamico

 INFO

Burrata ist ein italienischer Frischkäse und ähnelt dem Mozzarella. Überwiegend aus Kuhmilch hergestellt, hat der in Apulien beheimatete Käse über 40 % Fett i. Tr.

SALATE & SUPPEN

GRÜNE GAZPACHO
mit Avocado und Spinat

 4 Portionen

 ca. 25 Minuten

 Pro Portion ca. 371 kcal/1554 kJ, 5 g E, 33 g F, 8 g KH

ZUTATEN

2 große Bund gemischte frische Kräuter (z. B. Sauerampfer, Borretsch, Schnittlauch, Kerbel, Petersilie)

2 Salatgurken

300 g Babyspinat

1 Avocado

2 Knoblauchzehen

2 unbehandelte Zitronen

1 Stück Ingwer (ca. 1 cm)

100 ml Olivenöl

1 Handvoll Eiswürfel

Salz

Pfeffer

1 Die Kräuter waschen, trocken schütteln und ggf. die Blättchen abzupfen. Die Gurken waschen, putzen und in grobe Stücke schneiden. Den Babyspinat waschen und trocken schütteln. Die Avocado halbieren, entkernen, das Fruchtfleisch mit einem Löffel aus der Schale lösen und in grobe Stücke schneiden. Den Knoblauch schälen und fein hacken. Die Zitronen heiß abspülen und trocken reiben. Die Zitronenschale einer Zitrone abreiben und beide Zitronen auspressen. Den Ingwer schälen.

2 Alle Zutaten mit 300 Milliliter Wasser, dem Olivenöl und den Eiswürfeln fein pürieren. Mit Salz und Pfeffer abschmecken.

 INFO

Eine herrlich erfrischende und zeitgleich sättigende Suppe an warmen Tagen, die nicht nur arm an Kohlenhydraten, sondern reich an gesunden Fettsäuren und Mineralstoffen ist.

PAPRIKASUPPE
mit Cashew-Parmesan-Pesto

1 Die Paprika waschen, entkernen und grob würfeln. Die Zwiebel schälen und grob würfeln. Die Cashewkerne in einer beschichteten Pfanne ohne Fett ca. 3 Minuten anrösten, bis sie anfangen zu bräunen und aromatisch zu duften, dann herausnehmen. 2 Esslöffel davon fein hacken und zur Seite stellen.

2 Das Öl in einen Topf geben und die Zwiebelwürfel darin glasig dünsten. Die Paprika hinzufügen und 5 Minuten unter Rühren anbraten, dann mit der Gemüsebrühe aufgießen. Das Cashewmus dazugeben und aufkochen lassen. Die Suppe offen ca. 10 Minuten köcheln lassen und dann glatt pürieren. Die Suppe mit Salz und Pfeffer abschmecken.

3 Den Thymian waschen, trocken schütteln und die Blättchen abzupfen. Den Parmesan in grobe Stücke schneiden. Restliche Cashews, Thymian und Parmesan zu einer Paste mixen. Zum Servieren über die Suppe geben.

- 4 Portionen
- ca. 30 Minuten
- Pro Portion ca. 242 kcal/1013 kJ, 9 g E, 17 g F, 12 g KH

ZUTATEN

2 große rote Paprikaschoten
1 rote Zwiebel
30 g Cashewkerne
2 El Olivenöl
1 l Gemüsebrühe
30 g Cashewmus
Salz
Pfeffer
5 Stängel Thymian
50 g Parmesan

TIPP
Wem Cashewkerne zu viele Kohlenhydrate enthalten, probiert die Suppe mit Mandeln und Mandelmus, Erdnüssen und Erdnussmus oder Macadamianüssen.

THAI-SUPPE
mit Shiitake und Kokosmilch

1 Die Pilze mit kochendem Wasser übergießen und ca. 30 Minuten einweichen. In der Zwischenzeit den Knoblauch und den Ingwer schälen und fein hacken, die Frühlingszwiebeln waschen, putzen und schräg in feine Ringe schneiden. Den Pak Choi ebenfalls waschen, trocken schütteln, putzen und in feine Streifen schneiden. Die Chilischote waschen, halbieren, entkernen und fein hacken. Den Koriander waschen, trocken schütteln, die Blättchen abzupfen und fein hacken.

2 Die Pilze aus dem Einweichwasser nehmen, abtropfen lassen und in feine Streifen schneiden. Das Einweichwasser mit der Gemüsebrühe und der Kokosmilch in einen Topf geben und vermischen. Den Knoblauch, den Ingwer, die Pilze und den Pak Choi hinzufügen und einmal aufkochen lassen. Dann die Hitze reduzieren und 10 Minuten köcheln lassen. Den Limettensaft dazugeben, mit Salz abschmecken, mit dem Sesamöl beträufeln und mit Frühlingszwiebeln, Koriander und Chili bestreut servieren.

 4 Portionen

 ca. 45 Minuten

 Pro Portion ca. 336 kcal/1407 kJ, 4 g E, 32 g F, 9 g KH

ZUTATEN

15 getrocknete Shiitake-Pilze
2 Knoblauchzehen
1 Stück Ingwer (ca. 1 cm)
2 Frühlingszwiebeln
400 g Pak Choi
1 grüne Chilischote
8 Stängel Koriander
800 ml Gemüsebrühe
400 ml Kokosmilch
2 El Limettensaft
Salz
4 El geröstetes Sesamöl

SALATE & SUPPEN

Cremige
TOMATENSUPPE

1 Den Backofen auf 220 °C (Umluft nicht empfehlenswert) vorheizen. Die Tomaten waschen, trocken reiben und putzen. Ein Backblech mit Backpapier auslegen und die Tomaten darauf verteilen. Den Knoblauch schälen und mit dem Thymian auf das Blech geben. Das Olivenöl darüberträufeln und gründlich mit den Tomaten und dem Knoblauch vermengen. Im vorgeheizten Ofen ca. 15 Minuten backen.

2 Die Thymianblättchen vom Stängel streifen. Mit Tomaten, Knoblauch, saurer Sahne und 50 Milliliter Wasser zu einer cremigen Suppe pürieren. Mit Salz und Pfeffer abschmecken und gegebenenfalls mit Low-Carb-Brot servieren.

 4 Portionen

 ca. 30 Minuten

 Pro Portion ca. 285 kcal/1193 kJ, 4 g E, 24 g F, 10 g KH

ZUTATEN

1,3 kg Tomaten
3 Knoblauchzehen
10 Stängel Thymian
6 El Olivenöl
100 g saure Sahne
Salz
Pfeffer

 TIPP

Wer möchte, kann statt saurer Sahne auch rein pflanzliche Sojakochcreme verwenden, die noch weniger Kohlenhydrate enthält.

SALATE & SUPPEN

Wärmende KÄSE-LAUCH-SUPPE

1 Die Zwiebeln und die Knoblauchzehen schälen, die Zwiebeln in feine Ringe schneiden, den Knoblauch fein hacken. Den Lauch waschen, putzen und ebenfalls in feine Ringe schneiden.

2 Die Butter in einem Topf schmelzen und Zwiebeln, Knoblauch und Lauch darin anrösten. Mit der Gemüsebrühe ablöschen und den Schmelzkäse hinzufügen. Die Suppe einmal aufkochen und anschließend 10 Minuten köcheln lassen. Währenddessen den Emmentaler reiben.

3 2 Esslöffel der Suppenflüssigkeit abnehmen und in ein Schälchen füllen. Das Eigelb hineingleiten lassen und glatt rühren. Diese Mischung in die Suppe geben und kräftig unterrühren. Dabei darf die Suppe nicht mehr zu heiß sein (maximal 70 °C).

4 Die Suppe mit Salz und Pfeffer würzen und den geriebenen Emmentaler unterheben.

4 Portionen

ca. 25 Minuten

Pro Portion ca. 443 kcal/1855 kJ, 28 g E, 33 g F, 11 g KH

ZUTATEN

2 Zwiebeln

2 Knoblauchzehen

1 kg Lauch

2 El Butter

1,2 l Gemüsebrühe

300 g Schmelzkäse (45 % Fett i. Tr.)

100 g Emmentaler

1 Eigelb

Salz

Pfeffer

TIPP
Anstelle von Schmelzkäse können Sie auch geschmolzenen Camembert oder Bergkäse verwenden.

SALATE & SUPPEN

GEMÜSE-NUDELN

Zoodles & Co.

BROKKOLINUDELN
mit Zitrone und Salbei

1 Den Brokkoli putzen und die Röschen vom Stiel abtrennen. Die Stiele schälen und mit dem Spiralschneider oder einem Sparschäler in dünne Spaghetti schneiden. Die Röschen waschen und recht klein zerteilen. In Salzwasser ca. 1 Minute blanchieren, abgießen, abschrecken und abtropfen lassen.

2 Den Salbei waschen und trocken tupfen. In einer großen Pfanne Olivenöl und Butter erhitzen, die Brokkolispaghetti und den Salbei unter Rühren ca. 3 Minuten braten. Die Sahne und Crème fraîche einrühren und die Brokkoliröschen zugeben. Weitere 3 Minuten kochen. Mit Zitronensaft, Salz und Zitronenpfeffer abschmecken. Auf Tellern anrichten und sofort servieren.

 4 Portionen

 ca. 25 Minuten

 Pro Portion ca. 472 kcal/1976 kJ
12 g E, 43 g F, 10 g KH

ZUTATEN

1 kg Brokkoli
(mit dickem Stiel)
Salz
1 Handvoll Salbeiblätter
30 ml Olivenöl
2 El Butter
200 ml Sahne
200 Crème fraîche
3 El frisch gepresster
Zitronensaft
Zitronenpfeffer

 **INFO**

Zitronenpfeffer ist eine Mischung aus geschroteten Pfefferkörnern und granulierter Zitronenschale. Der Pfeffer nimmt beim Vermischen das Zitrusöl auf, sodass sich seine Schärfe mit der säuerlichen Frische von Zitronen verbindet.

KÜRBISSPAGHETTI
mit Mangold-Ricotta-Sauce

 4 Portionen

 ca. 35 Minuten

 Pro Portion ca. 214 kcal/896 kJ, 7 g E, 15 g F, 12 g KH

ZUTATEN

600 g Butternutkürbis
mit langem Hals
(ca. 400 g geschält)
Salz
200 g Mangold
2 Knoblauchzehen
2 El Butter
100 ml Gemüsebrühe
200 g Ricotta
Pfeffer
2 Prisen frisch
geriebene Muskatnuss
½ unbehandelte Zitrone

1 Den Kürbis schälen, den Hals in einen Spiralschneider spannen und zu Gemüsenudeln drehen (alternativ einen Sparschäler verwenden). Die Kürbisnudeln in einen Dämpfeinsatz oder ein Sieb geben. Einen Topf mit wenig Salzwasser befüllen, dieses zum Kochen bringen, den Dämpfeinsatz in den Topf hängen und die Kürbisnudeln 5 Minuten dämpfen.

2 In der Zwischenzeit den Mangold waschen, trocken schütteln, putzen und klein schneiden. Den Knoblauch schälen und in feine Scheiben schneiden oder hobeln. Die Butter in einer großen beschichteten Pfanne erhitzen. Den Knoblauch und den Mangold darin unter Wenden ca. 5 Minuten anschwitzen, dann mit der Gemüsebrühe ablöschen.

3 Den Ricotta unterrühren und die Sauce mit Salz, Pfeffer und Muskat abschmecken. Die Zitrone heiß abspülen und trocken reiben. Die Schale abreiben und unter die Sauce heben. Die Kürbisnudeln zur Sauce geben, vorsichtig vermengen und sofort servieren.

MÖHRENNUDELN
mit Gewürzbutter

 4 Portionen

 ca. 30 Minuten

 Pro Portion ca. 341 kcal/1428 kJ,
11 g E, 25 g F, 16 g KH

ZUTATEN
50 g schwarze Linsen
(Belugalinsen)
Salz
600 g Möhren
1 Knoblauchzehe
1 Tl Fenchelsamen
2 Tl Kreuzkümmelsamen
1 Tl Koriandersamen
1 Tl getrockneter Oregano
4 El Butter
120 g Ziegen-Brie

1 Die Linsen waschen. Anschließend in der 3-fachen Menge Wasser aufkochen und ca. 25 Minuten bissfest garen. Dann abgießen und salzen.

2 In der Zwischenzeit die Möhren putzen, schälen, in den Spiralschneider spannen (alternativ einen Sparschäler verwenden) und zu Gemüsenudeln drehen. Den Knoblauch schälen und fein hacken. Fenchelsamen, Kreuzkümmelsamen, Koriandersamen und Oregano in einer beschichteten Pfanne ohne Fett anrösten und dann fein vermahlen.

3 Die Butter in einer Pfanne zerlassen, die Gewürze hineingeben und schwenken. Dann die Möhrennudeln unterheben und die Linsen dazugeben. Alles gut vermengen, mit Salz und Pfeffer abschmecken und zum Servieren mit Brie garnieren.

 TIPP

Wer wegen der Kohlenhydrate lieber ganz auf die Linsen verzichtet, kann auch zerkrümelten und kurz angebratenen Blumenkohl über die Möhrennudeln geben.

SELLERIENUDELN
mit grünen Bohnen

1 Den Knollensellerie schälen und mit dem Spiralschneider zu Nudeln drehen (alternativ einen Sparschäler verwenden). Die Bohnen waschen, putzen und in kochendem Salzwasser 10 Minuten garen. Die Sellerienudeln in ein Sieb geben und im Wasserdampf der Bohnen dämpfen.

2 Währenddessen die Oliven in feine Ringe schneiden und den Parmesan in grobe Späne hobeln. Die Tomaten waschen, putzen und vierteln. Das Bohnenkraut waschen, trocken schütteln und die Blättchen abzupfen.

3 Das Öl in einer tiefen Pfanne erhitzen und die Sellerienudeln und die Bohnen darin schwenken. Die Oliven und die Tomaten unterheben, salzen, pfeffern und mit Parmesan bestreut servieren.

4 Portionen

ca. 25 Minuten

Pro Portion ca. 386 kcal/1617 kJ, 19 g E, 24 g F, 17 g KH

ZUTATEN

1,2 kg Knollensellerie (ca. 800 g geschält)

500 g grüne Stangenbohnen

Salz

120 g grüne Oliven

120 g Parmesan

500 g Tomaten

5 Stängel Bohnenkraut (alternativ Thymian)

3 El Olivenöl

INFO

Dieses Gericht ist eine Vitamin- und Nährstoffbombe und kommt mit wenigen Kohlenhydraten aus. Der würzige Parmesan liefert viel wertvolles Eiweiß und rundet das Ganze geschmacklich ab.

KOHLRABINUDELN
mit Auberginencreme

1 Den Backofen auf 220 °C vorheizen. Die Auberginen waschen, trocken reiben und der Länge nach halbieren. Die Zwiebel und den Knoblauch schälen, die Zwiebel in Ringe, den Knoblauch in Scheiben schneiden. Beides auf ein mit Backpapier ausgelegtes Backblech legen und mit 1 Esslöffel Öl beträufeln. Die Auberginen mit der Schnittfläche nach unten auf die Zwiebelringe und den Knoblauch legen. Die violettfarbene Haut mit 3 Esslöffeln Öl einreiben. Im vorgeheizten Ofen ca. 30 Minuten backen, bis die Haut schwarz wird.

2 In der Zwischenzeit die Kohlrabi schälen und mit einem Spiralschneider oder Sparschäler zu Nudeln verarbeiten. Diese in einen Dämpfeinsatz oder ein Sieb geben. Einen Topf mit wenig Salzwasser befüllen, dieses zum Kochen bringen, den Dämpfeinsatz oder das Sieb in den Topf hängen und die Gemüsenudeln 5 Minuten dämpfen.

3 Das Auberginenfleisch aus der Schale herauskratzen und mit Zwiebel, Knoblauch, Zitronensaft und dem restlichen Olivenöl zu einer glatten Creme pürieren. Die Petersilie waschen, trocken schütteln und fein hacken. Die Pistazien grob hacken.

4 Die Kohlrabinudeln mit der Auberginencreme vermengen und mit Petersilie und Pistazien bestreut servieren.

 4 Portionen

 ca. 45 Minuten

 Pro Portion ca. 348 kcal/1457 kJ, 4 g E, 32 g F, 6 g KH

ZUTATEN

500 g Auberginen
1 rote Zwiebel
1 Knoblauchzehe
8 El Olivenöl
2 Kohlrabi
(ca. 600 g geschält)
Salz
2 El Zitronensaft
4 Stängel glatte Petersilie
30 g geröstete, gesalzene Pistazienkerne

KÜRBISNUDELN
mit Lauch und Räuchertofu

1 Den Kürbis schälen, den Hals in den Spiralschneider spannen und zu Gemüsenudeln drehen (alternativ einen Sparschäler verwenden). Den Räuchertofu sehr fein würfeln. Den Lauch waschen, putzen, längs halbieren und in dünne halbe Ringe schneiden.

2 Die Hälfte der Butter in einer beschichteten, tiefen Pfanne erhitzen und den Tofu darin bei mittlerer Hitze von allen Seiten 10 Minuten kross anbraten. Dann aus der Pfanne nehmen und beiseitestellen. Die restliche Butter in die Pfanne geben. Eine Handvoll Lauchringe zur Seite legen, den Rest in der Pfanne bei hoher Hitze anbraten. Die Sahne dazugeben und mit Salz, Pfeffer und Muskat würzen.

3 Die Hitze reduzieren und die Kürbisnudeln vorsichtig unterheben. Die Nudeln auf Tellern anrichten und mit Tofu und Lauchringen bestreut servieren.

 4 Portionen

 ca. 30 Minuten

 Pro Portion ca. 378 kcal/1583 kJ, 14 g E, 29 g F, 14 g KH

ZUTATEN
600 g Butternutkürbis mit langem Hals (ca. 400 g geschält)
200 g Räuchertofu
2 Stangen Lauch (ca. 500 g geputzt)
3 El Butter
150 ml Sahne
Salz
Pfeffer
2–3 Prisen frisch geriebene Muskatnuss

TIPP
Räuchertofu ist aufgrund seiner würzigen Geschmacksnote und wenigen Kohlenhydrate ein idealer Fleischersatz und Proteinlieferant für alle Vegetarier und Veganer.

GEMÜSENUDELN

ZUCCHININUDELN
mit Zitronen-Spargel-Sauce

1 Die Zucchini waschen, putzen und im Spiralschneider zu Gemüsenudeln drehen (alternativ einen Sparschäler verwenden). Den Spargel waschen, die Enden abschneiden und das untere Drittel schälen. Anschließend die Spargelstangen schräg in je 4–5 Stücke teilen. Die Zitronen heiß abspülen, trocken reiben, die Schale einer Zitrone abreiben und den Saft auspressen. Den Knoblauch schälen und fein hacken. Die Petersilie waschen, trocken schütteln, die Blättchen abzupfen und ebenfalls fein hacken. Den Pecorino raspeln.

2 Das Öl in einer tiefen, beschichteten Pfanne erhitzen und den Knoblauch darin glasig dünsten. Dann den Spargel dazugeben und 5–8 Minuten anbraten. Den Zitronensaft und die Schale hinzufügen und mit Salz und Pfeffer abschmecken. Dann vorsichtig die Zucchininudeln unterheben und mit Petersilie und Pecorino bestreut servieren.

- 4 Portionen
- ca. 35 Minuten
- Pro Portion ca. 256 kcal/1072 kJ, 9 g E, 19 g F, 9 g KH

ZUTATEN

2 dicke, gerade Zucchini (ca. 800 g geschält)
500 g grüner Spargel
2 unbehandelte Zitronen
1 Knoblauchzehe
½ kleines Bund glatte Petersilie (max. 50 g)
50 g Pecorino
4 El Olivenöl
Salz
Pfeffer

INFO

Pecorino ist der pikante Bruder des Parmesans. Sein würziger Geschmack, wertvolle Proteine und Kalzium machen ihn zu einem gern gesehenen Gast in jeder guten Küche.

SELLERIENUDELN
mit cremiger Paprikasauce

 4 Portionen

 ca. 35 Minuten

 Pro Portion ca. 307 kcal/1285 kJ, 5 g E, 26 g F, 8 g KH

ZUTATEN

1 kg Knollensellerie
(ca. 600 g geschält)
3 kleine gelbe Paprikaschoten
1 kleine Zwiebel
3 El Butter
150 ml Gemüsebrühe
6 Stängel Majoran
Salz
125 g Mascarpone
Pfeffer

1 Den Knollensellerie schälen und mit einem Spiralschneider zu Nudeln drehen (alternativ einen Sparschäler verwenden). Die Paprika waschen, putzen und würfeln. Die Zwiebel schälen und hacken. Die Butter in einem Topf zerlassen und die Zwiebel darin anbraten. Die Paprikawürfel dazugeben, 2 Minuten mit anbraten und dann mit der Brühe ablöschen. Den Majoran waschen und die Blättchen abzupfen.

2 In der Zwischenzeit die Gemüsenudeln in einen Dämpfeinsatz oder ein Sieb geben. Einen Topf mit wenig Salzwasser befüllen, dieses zum Kochen bringen, den Dämpfeinsatz oder das Sieb in den Topf hängen und die Gemüsenudeln 5 Minuten dämpfen.

3 Den Mascarpone zur Paprika geben und fein-cremig pürieren. Mit Salz und Pfeffer abschmecken und unter die Sellerienudeln mischen. Mit Majoran bestreut servieren.

 TIPP

Wem Mascarpone zu gehaltvoll ist, der nimmt einfach klassischen Frischkäse für die Paprikasauce.

KÄSE & EI

Leckere Sattmacher

SÜSSKARTOFFELN
mit Eier-Tartar

 4 Portionen

 ca. 25 Minuten

 Pro Portion ca. 349 kcal/1461 kJ, 11 g E, 27 g F, 17 g KH

ZUTATEN

1 Süßkartoffel (ca. 200 g)
1 kleine rote Zwiebel
200 g Cornichons
4 hart gekochte Eier
6 Stängel Schnittlauch
4 TL Kapern
250 g saure Sahne
Salz
Pfeffer
6 El Rapsöl
1 Tl frisch gehackter Dill

1 Die Süßkartoffel gründlich waschen und in 4 Scheiben à 50 Gramm schneiden. Die Zwiebel schälen und fein hacken. Die Cornichons (das Gurkenwasser wird noch benötigt!) und die Eier fein würfeln. Den Schnittlauch waschen, trocken schütteln und in feine Ringe schneiden. Die Kapern fein hacken.

2 Die Sahne mit 2 Esslöffeln Gurkenwasser, Zwiebel, Cornichons, Eiern und Kapern vermengen und mit Salz und Pfeffer abschmecken.

3 Die Süßkartoffelscheiben gründlich mit dem Öl einreiben und in einer Pfanne ausbacken. Die so gebackenen Scheiben mit Eier-Tatar bestreichen und mit Dill bestreut servieren.

 **TIPP**

Wer mag, kann die Süßkartoffelscheiben auch im Toaster zubereiten. Dann aber je nach Gerät Stufe und/oder Zeit individuell einstellen.

KRÄUTEROMELETT
mit Tomaten und Rucola

 4 Portionen

 ca. 50 Minuten

 Pro Portion (1 Omelett)
ca. 455 kcal/1905 kJ,
19 g E, 37 g F, 9 g KH

ZUTATEN

75 g Rucola

350 g Kirschtomaten

1 kleines Bund gemischte italienische Kräuter (z.B. Oregano, Thymian, Salbei, Bohnenkraut, Rosmarin, Majoran, max. 50 g)

6 Eier

100 ml Vollmilch

Salz

Pfeffer

5 El Butter

1 Tl Zucker

3 El Aceto Balsamico

125 g Mozzarella

1 Den Rucola waschen, trocken schütteln und klein hacken. Die Tomaten waschen und trocken reiben. Die Kräuter waschen, trocken schütteln, die Blättchen abzupfen und fein hacken. 2 Esslöffel Kräuter beiseitelegen. Die Eier aufschlagen und mit der Vollmilch und den Kräutern verquirlen. Kräftig salzen und pfeffern.

2 1 Esslöffel Butter in einer Pfanne erhitzen und schmelzen lassen. ¼ der Eiermasse hineingeben und bei kleiner Hitze und geschlossenem Deckel stocken lassen. Dann auf einen Teller gleiten lassen und im Ofen warm halten. Auf diese Weise 4 Omeletts zubereiten.

3 In der Zwischenzeit in einer 2. Pfanne die restliche Butter erhitzen und die Tomaten darin schwenken. Den Zucker dazugeben und karamellisieren lassen, dann mit Essig ablöschen, einmal schwenken, leicht salzen und beiseitestellen.

4 Den Rucola mit den restlichen Kräutern vermischen, auf den Omeletts verteilen, die Tomaten und den klein gezupften Mozzarella darübergeben und servieren.

OMELETT
nach Pizza-Art

1 Die Paprika waschen, putzen und in feine Streifen schneiden. Die Frühlingszwiebeln waschen, putzen und in feine Ringe schneiden. Die Tomatenstücke mit den Kräutern und dem Zucker vermengen, salzen und pfeffern.

2 Die Eier aufschlagen. Die Hälfte der Milch dazugeben, die andere Hälfte in einem kleinen Schälchen mit dem Johannisbrotkernmehl vermengen, bis es sich aufgelöst hat. Dann zur Eimasse geben und kräftig verquirlen. Mit Salz und Pfeffer abschmecken.

3 Eine Pfanne auf mittlere Hitze erwärmen, 1 Esslöffel Butter darin schmelzen und ¼ der Eimasse hineingeben. Bei geschlossenem Deckel die Eimasse stocken lassen, dann wenden. ¼ der Tomatensauce auf das Omelett geben und mit Paprika, Frühlingszwiebeln und Käse belegen. Den Deckel wieder schließen und das Omelett für weitere 5 Minuten stocken lassen. Auf diese Weise 4 Omeletts zubereiten. Die fertigen Omeletts im Ofen warm halten oder portionsweise servieren.

 4 Portionen

 ca. 10 Minuten (plus Backzeit)

 Pro Portion (1 Omelett) ca. 610 kcal/2554 kJ, 34 g E, 46 g F, 15 g KH

ZUTATEN

2 gelbe Paprikaschoten

2 Frühlingszwiebeln

400 g Tomatenstücke (FP)

3 EL getrocknete, italienische Kräuter

1 Prise Zucker

Salz

Pfeffer

8 Eier

100 ml Vollmilch

2 TL Johannisbrot-kernmehl

4 El Butter

250 g geriebener Emmentaler

SPIEGELEIPFANNE
mit Fenchel und Avocado

1 Den Fenchel waschen, putzen und in schmale Streifen schneiden. Die Schalotte schälen und fein hacken. Die Avocados halbieren, entkernen, das Fruchtfleisch mit einem Löffel aus der Schale lösen und in Streifen schneiden. Die Zitrone heiß waschen, trocken reiben, die halbe Schale abreiben und den Saft auspressen.

2 Die Butter in einer großen Pfanne erhitzen und die Schalotte darin glasig dünsten. Den Fenchel dazugeben und 3–4 Minuten anbraten. Den Zitronensaft hinzufügen und weitere 2–3 Minuten braten, dann salzen und pfeffern. Die Eier vorsichtig nebeneinander in die Pfanne schlagen und bei mittlerer Hitze und geschlossenem Deckel stocken lassen.

3 Zum Servieren leicht salzen und pfeffern, die Avocadoscheiben ringförmig über die Spiegeleier legen und die Zitronenschale und etwas Pfeffer darüberstreuen.

- 4 Portionen
- ca. 30 Minuten
- Pro Portion ca. 384 kcal/1608 kJ, 14 g E, 32 g F, 8 g KH

ZUTATEN

2 Fenchelknollen
(ca. 600 g)
1 Schalotte
2 kleine Avocados
1 unbehandelte Zitrone
2 El Butter
Salz
Pfeffer
6 Eier

KÄSE & EI

PILZPFANNE
mit Mozzarella und Zucchini

- 4 Portionen
- ca. 30 Minuten (plus Ruhezeit)
- Pro Portion ca. 431 kcal/1805 kJ, 20 g E, 34 g F, 8 g KH

ZUTATEN
500 g kleine Champignons
1 kg Zucchini
5 El Olivenöl
2 Tl Aceto Balsamico
1 Tl getrockneter Thymian
Pfeffer
300 g Mozzarella
½ kleines Bund
glatte Petersilie
Salz

1 Die Champignons putzen und vierteln. Die Zucchini waschen, putzen und fein würfeln. Aus 4 Esslöffeln Olivenöl, Aceto Balsamico, Thymian und etwas Pfeffer eine Marinade anrühren. Die Champignons und die Zucchini mit der Marinade gründlich in einer Schüssel vermengen und 20 Minuten ruhen lassen.

2 Das restliche Öl in einer tiefen, beschichteten Pfanne erhitzen. Die Pilz-Zucchini-Masse hineingeben und unter gelegentlichem Wenden braten, bis die Flüssigkeit nahezu vollständig verdampft ist. Den Mozzarella aus der Verpackung nehmen, abtropfen lassen und in kleine Stücke gezupft über das Gemüse geben. Bei geschlossenem Deckel den Käse zerlaufen lassen.

3 In der Zwischenzeit die Petersilie waschen, trocken schütteln, die Blättchen abzupfen und fein hacken. Die Gemüsepfanne mit Petersilie bestreuen, salzen und pfeffern.

HALLOUMI
mit Spargel und Pesto

1 Den Spargel putzen und schälen. Den Feldsalat waschen, putzen und trocken schütteln. Die Radieschen waschen, putzen und in feine Scheiben hobeln. Den Schnittlauch waschen, trocken schütteln und in feine Ringe schneiden. Den Feldsalat, den Schnittlauch und die Radieschen in eine Schüssel geben und mit dem Zitronensaft vermengen.

2 Den Halloumi in Streifen schneiden. In einer großen Grillpfanne 1½ Esslöffel Olivenöl erhitzen und den Halloumi darin von beiden Seiten braun anbraten. Aus der Pfanne nehmen, das restliche Öl hineingeben und den Spargel darin von allen Seiten braun anbraten. Den Spargel mit dem Pesto vermengen und über den Salat geben. Den Salat salzen und pfeffern und mit dem Halloumi zusammen servieren.

 4 Portionen

 ca. 40 Minuten

 Pro Portion ca. 681 kcal/2851 kJ, 36 g E, 54 g F, 12 g KH

ZUTATEN

1 kg frischer Spargel (grün und weiß)

100 g Feldsalat

100 g Radieschen

10 Stängel Schnittlauch

1 El Zitronensaft

500 g Halloumi

3 El Olivenöl

120 g Pesto verde

Salz

Pfeffer

Außerdem

Grillpfanne

TIPP
Sie können Pesto aus Basilikum, Petersilie, Rucola, Bärlauch … verwenden – Hauptsache es ist grün!

KÄSE & EI

FETA-GEMÜSE
aus dem Ofen

 4 Portionen

 ca. 25 Minuten (plus Backzeit)

 Pro Portion ca. 528 kcal/2211 kJ, 24 g E, 37 g F, 20 g KH

ZUTATEN

300 g Fenchelknollen
3 rote Paprikaschoten
400 g Brokkoli
200 g Hokkaido-Kürbis
5 Knoblauchzehen
5 El Olivenöl
10 Stängel Rosmarin
400 g Feta
Salz
Pfeffer

1 Den Backofen auf 200 °C vorheizen. Den Fenchel waschen, putzen und in Scheiben hobeln oder schneiden. Die Paprika waschen, putzen und in 2 Zentimeter breite Streifen schneiden. Den Brokkoli waschen, putzen und die Röschen abtrennen. Den Kürbis waschen und in Streifen schneiden. Den Knoblauch schälen.

2 Ein Backblech mit Backpapier auslegen. Das Gemüse mit dem Öl marinieren und auf dem Blech verteilen, den Rosmarin darauf verteilen und den Feta darüberbröseln. Im vorgeheizten Ofen ca. 30 Minuten backen, zwischendurch wenden. Vor dem Servieren salzen und pfeffern.

 **TIPP**

Wer den Kohlenhydratanteil noch weiter reduzieren will, nimmt pro Portion maximal 50 Gramm Feta oder entscheidet sich für Ziegenkäse.

PAPRIKA-TOMATEN-AUFLAUF

1 Den Backofen auf 200 °C (Umluft nicht empfehlenswert) vorheizen. Die Paprika waschen, putzen und in 2 Zentimeter große Stücke schneiden. Den Oregano waschen, trocken schütteln und die Blättchen abzupfen. Die Tomaten waschen und halbieren. Die Zwiebeln schälen und in feine Ringe schneiden.

2 Eine Auflaufform mit 1 Esslöffel Olivenöl ausstreichen. Paprika, Oregano, Tomaten und Zwiebeln hineingeben und mit dem restlichen Olivenöl vermengen. Den Feta darüberbröseln. Die Eier mit der Sahne und etwas Pfeffer und Salz verquirlen und über die restlichen Zutaten geben.

3 Im vorgeheizten Ofen abgedeckt ca. 30 Minuten backen, für die letzten 10 Minuten die Abdeckung entfernen.

 4 Portionen

 ca. 15 Minuten (plus Backzeit)

 Pro Portion ca. 487 kcal/2039 kJ, 27 g E, 35 g F, 13 g KH

ZUTATEN

2 Paprikaschoten
(rot oder gelb, ca. 400 g)

5 Stängel Oregano

500 g Kirschtomaten

2 rote Zwiebeln

2 El Olivenöl

100 g Feta

4 Eier

50 ml Sahne

Pfeffer

Salz

Außerdem

Auflaufform,
ca. 30 x 20 cm

TIPP
Anstelle von Feta können Sie auch klein gehackten Blumenkohl zusammen mit der Eier-Sahne-Masse über den Auflauf geben. Er sollte im Backofen jedoch nicht schwarz werden.

KÄSE & EI

BLUMENKOHL-RISOTTO MIT EI

 4 Portionen

 ca. 40 Minuten

 Pro Portion ca. 383 kcal/604 kJ, 17 g E, 24 g F, 23 g KH

ZUTATEN

1 Avocado
1 Knoblauchzehe
150 ml Vollmilch
2 Tl edelsüßes Paprikapulver
1 Msp. Chilipulver
2 Tl vegetarische Worcestersauce
6 Tl Olivenöl
Salz
1 Blumenkohl (ca. 600 g)
1 Schalotte
100 g getrocknete Tomaten
8 Stängel Basilikum
1 Tl Kokosmehl
2 El Zitronensaft
4 Eier
Pfeffer

1 Die Avocado halbieren, entkernen, das Fruchtfleisch mit einem Löffel aus der Schale lösen und in Stücke schneiden. Die Knoblauchzehe schälen und grob hacken. Zusammen mit Avocadostücken, 50 Milliliter Milch, Paprika- und Chilipulver, Worcestersauce und 2 Teelöffeln Olivenöl zu einem cremigen Dressing pürieren. Mit Salz abschmecken.

2 Den Blumenkohl reiskorngroß zerkleinern. Die Schalotte schälen und fein hacken. Die Tomaten fein hacken. Das Basilikum waschen, trocken schütteln, die Blättchen abzupfen und in feine Streifen schneiden.

3 2 Teelöffel Olivenöl in einem Topf erhitzen und die Schalotten darin anschwitzen. Den Blumenkohlreis dazugeben und unter Rühren 2–3 Minuten anbraten. Das Kokosmehl mit 3 Esslöffeln Vollmilch glatt rühren. Restliche Milch, Zitronensaft und Tomaten hinzufügen, gut verrühren, dann das Kokosmehl unterrühren und ca. 8 Minuten köcheln lassen.

4 Währenddessen das restliche Öl in einer großen, beschichteten Pfanne erhitzen und darin 4 Spiegeleier braten. Diese salzen und pfeffern.

5 Das Blumenkohlrisotto auf 4 Schüsseln verteilen, das Dressing darübergeben, die Spiegeleier darauf verteilen und mit Basilikum bestreut servieren.

TIPP
Im Handel erhältliche Worcestersauce ist normalerweise vegetarisch, kann aber auch Anchovis (Sardellen) enthalten.

ZUCCHINIGRATIN
mit Brie und Emmentaler

1 Die Zucchini waschen, putzen und in feine Scheiben schneiden. Die Zucchinischeiben auf einem mit Küchenpapier ausgelegten Backblech verteilen, mit Salz besprenkeln und 20 Minuten ruhen lassen. Danach mit einem Küchentuch trocken tupfen.

2 Den Backofen auf 200 °C vorheizen. Eine Auflaufform fetten und die Zucchini in Reihen überlappend hineinlegen. Den Knoblauch schälen und fein hacken. Den Oregano oder Thymian waschen, trocken schütteln, die Blättchen abzupfen und ebenfalls fein hacken.

3 Die Butter in einem Topf erhitzen. Den Knoblauch darin anschwitzen, Brie, Sauerrahm, Milch und Oregano bzw. Thymian dazugeben und bei mittlerer Hitze zu einer homogenen Masse schmelzen. Mit Pfeffer und Salz abschmecken und über die Zucchini geben. Den Emmentaler darüber verteilen und im vorgeheizten Ofen 20–30 Minuten backen.

 4 Portionen

 ca. 20 Minuten
(plus Ruhezeit und Backzeit)

 Pro Portion ca. 352 kcal/1474 kJ,
21 g E, 26 g F, 9 g KH

ZUTATEN
1 kg Zucchini
Salz
2 Knoblauchzehen
10 Stängel Oregano
oder Thymian
1 Tl Butter
200 g Brie
150 g Sauerrahm
50 ml Vollmilch
Pfeffer
200 g geriebener
Emmentaler

Außerdem
Auflaufform, ca. 30 x 20 cm
Fett für die Form

AVOCADOS
mit Brokkoli und Grillkäse

 4 Portionen

 ca. 45 Minuten

 Pro Portion ca. 870 kcal/3643 kJ, 25 g E, 77 g F, 11 g KH

ZUTATEN

1 Knoblauchzehe
2 Frühlingszwiebeln
½ unbehandelte Zitrone
8 El Olivenöl
2 Tl Senf
1 Msp. Chilipulver
6 Stängel Thymian
2 Tl gemahlener Kreuzkümmel
Salz
400 g Grillkäse natur
300 g Brokkoli
½ Tl Currypulver
1 Tl Sojasauce
4 reife Avocados
(à ca. 200 g)

Außerdem

Grillpfanne

1 Den Knoblauch schälen und fein hacken. Die Frühlingszwiebeln waschen, putzen und ebenfalls fein hacken. Die Zitrone heiß abspülen, trocken reiben, die Schale abreiben und den Saft auspressen. Die Hälfte des Zitronensafts und der Zitronenschale mit Knoblauch, Frühlingszwiebeln, 3 Esslöffeln Olivenöl, 1 Teelöffel Senf, Chilipulver, Thymian, 1 Teelöffel Kreuzkümmel und etwas Salz in einer Schale zu einer Marinade vermengen.

2 Den Grillkäse ca. 1 Zentimeter groß würfeln. Den Brokkoli waschen, putzen und ebenfalls in ca. 1 Zentimeter große Stücke schneiden. Den Grillkäse und den Brokkoli mit der Marinade vermengen und 20 Minuten ruhen lassen.

3 In der Zwischenzeit den restlichen Zitronensaft und die Schale mit restlichem Senf, Currypulver, restlichem Kreuzkümmel, Sojasauce, 3 Esslöffeln Olivenöl und 5 Esslöffeln Wasser zu einem Dressing vermengen und mit Salz und Chilipulver abschmecken.

4 Die Avocados halbieren und entkernen. 1 Esslöffel Olivenöl in einer Grillpfanne erhitzen und die Avocadohälften darin 5–8 Minuten grillen, bis sie ein kräftiges Grillmuster haben. Die Hälften salzen und zur Seite stellen. Das restliche Olivenöl in die Pfanne geben und Grillkäse und Brokkoli darin 10 Minuten unter gelegentlichem Wenden braten.

5 Die Avocadohälften auf Tellern anrichten, mit der Grillkäse-Brokkoli-Masse füllen und mit dem Dressing beträufelt servieren.

FENCHELGRATIN
mit Ziegenkäse und Himbeeren

1 Den Backofen auf 200 °C (Umluft nicht empfehlenswert) vorheizen. Den Fenchel waschen, putzen und in feine Scheiben hobeln oder schneiden. Den Rosmarin waschen, trocken schütteln, die Blättchen abzupfen und fein hacken.

2 Eine Auflaufform mit 1 Esslöffel Olivenöl fetten. Den Fenchel und den Rosmarin hineingeben. Das restliche Olivenöl mit dem Zitronensaft und dem Pfeffer verquirlen und über den Fenchel geben. Die Ziegenweichkäserolle in ca. 2 Zentimeter dicke Stücke schneiden und über dem Fenchel verteilen. Die Himbeeren ebenfalls in der Form verteilen und das Gratin im vorgeheizten Ofen abgedeckt ca. 30 Minuten backen, für die letzten 10 Minuten die Abdeckung entfernen.

4 Portionen

ca. 15 Minuten (plus Backzeit)

Pro Portion ca. 404 kcal/1691 kJ, 19 g E, 32 g F, 8 g KH

ZUTATEN
3 Fenchelknollen (ca. 800 g)
6 Stängel Rosmarin
4 El Olivenöl
1 El Zitronensaft
Pfeffer
300 g Ziegenweichkäserolle
150 g Himbeeren
Salz

Außerdem
Auflaufform, ca. 30 x 20 cm

INFO

Dieses Gratin macht nicht nur richtig satt, es ist auch ein echtes Low-Carb- und Proteinwunder. Die fruchtige Note der idealerweise frischen Himbeeren ist das Tüpfelchen auf dem I.

KÄSE & EI

SALAT-TACOS
mit Halloumi und Tomaten-Salsa

1 Den Halloumi abtropfen lassen und in Streifen schneiden. Den Eisbergsalat waschen und die Blätter vorsichtig abtrennen, sodass sie ganz bleiben. Die Avocados halbieren, entkernen, das Fruchtfleisch aus der Schale lösen und fein würfeln. Die Limette waschen, trocken reiben, auspressen und den Saft unter die Avocadowürfel mischen. Die Tomaten waschen, putzen, ebenfalls fein würfeln und zu den Avocados geben.

2 Die Frühlingszwiebeln waschen, putzen und in feine Ringe schneiden. Den Koriander waschen, die Blättchen abzupfen und fein hacken. Den Koriander und die Frühlingszwiebeln mit 2 Esslöffeln Olivenöl zu den Tomaten geben und vorsichtig vermengen. Die Tomaten-Avocado-Salsa mit Salz abschmecken.

3 Das restliche Öl in einer beschichteten Pfanne erhitzen. Die Halloumistreifen darin von beiden Seiten kross anbraten.

4 Die Tomaten-Avocado-Salsa und die Halloumistreifen dekorativ auf den Salatblättern anrichten.

 4 Portionen

 ca. 40 Minuten

 Pro Portion ca. 830 kcal/3475 kJ, 33 g E, 70 g F, 13 g KH

ZUTATEN
500 g Halloumi
1 Eisbergsalat
2 Avocados
1 Limette
300 g Fleischtomaten (z. B. Ochsenherz)
50 g Frühlingszwiebeln
10 Stängel Koriander
6 El Olivenöl
Salz

TIPP
Besonders feste, große Salatblätter in der Form einer Schale wählen und das Halloumi-Gemüse wie Tacos anrichten. So geht Low Carb auf Mexikanisch!

KÄSE & EI

OFENKÄSE
mit Petersilienwurzelsticks

1 Den Backofen auf 200 °C vorheizen. Die Petersilienwurzeln schälen, putzen und in Pommesgröße zurechtschneiden. Die Sticks mit dem Öl marinieren und auf einem mit Backpapier ausgelegten Backblech verteilen.

2 Den Knoblauch schälen und fein hacken, die Pekannüsse grob hacken. Den Rosmarin waschen, trocken schütteln, die Blättchen abzupfen und fein hacken. Die Hälfte des Knoblauchs mit den Pommes, die andere Hälfte mit den Nüssen vermengen. Den Rosmarin ebenfalls mit den Nüssen vermengen.

3 Die Camemberts aus der Folie nehmen und zurück in die Holzschalen legen. Auf das Backblech zu den Sticks stellen und mit dem Rosmarin bestreuen. Im vorgeheizten Ofen ca. 20 Minuten backen. Nach 10 Minuten die Nüsse über den Käse geben. Die Petersilienwurzelsticks vor dem Servieren leicht salzen und zum Käse reichen.

4 Portionen

ca. 15 Minuten (plus Backzeit)

Pro Portion ca. 892 kcal/3735 kJ, 30 g E, 80 g F, 10 g KH

ZUTATEN
500 g Petersilienwurzeln
3 El Olivenöl
2 Knoblauchzehen
100 g Pekannüsse
4 Stängel Rosmarin
4 runde Camembert im Holzschälchen (à ca. 160 g)
Salz

INFO

Statt Camembert können Sie auch Ofenkäse verwenden, der ebenfalls im Holzschälchen erhältlich ist und kaum Kohlenhydrate hat.

GEMÜSE SATT

Bunt & raffiniert

PORTOBELLO-PILZE
mit Auberginen und Oliven

 4 Portionen

 ca. 35 Minuten (plus Backzeit)

 Pro Portion ca. 564 kcal/2361 kJ, 27 g E, 43 g F, 13 g KH

ZUTATEN
4 große Portobello-Pilze
6 Tl Olivenöl
1 Zwiebel
1 Knoblauchzehe
1 Aubergine (ca. 400 g)
1 rote Paprikaschote
50 g grüne Oliven ohne Stein
150 ml Sahne
3 Tl getrockneter Oregano
2 Tl edelsüßes Paprikapulver
1 Handvoll Babyspinat
120 g geriebener Parmesan
Salz
Pfeffer
125 g Mozzarella
60 g Pinienkerne

1 Die Portobello-Pilze putzen und den Stiel entfernen. Ein Backblech mit Backpapier auslegen, die Pilze mit je 1 Teelöffel Olivenöl einreiben und mit der Kappe nach unten auf das Backblech legen.

2 Die Zwiebel und den Knoblauch schälen und fein hacken. Die Aubergine und die Paprika waschen, putzen und sehr fein würfeln. Die Oliven fein hacken.

3 2 Teelöffel Olivenöl in einer beschichteten Pfanne erhitzen und die Zwiebel und den Knoblauch darin anschwitzen. Die Paprika dazugeben und 2–3 Minuten anbraten. Die Aubergine hinzufügen und weitere 2–3 Minuten braten. Dann Oliven, die Sahne, Oregano und Paprikapulver dazugeben und bei mittlerer Hitze unter gelegentlichem Rühren 10 Minuten köcheln lassen. Den Backofen auf 200 °C vorheizen.

4 Nun den Babyspinat und den Parmesan unter das Gemüse ziehen und mit Salz und Pfeffer abschmecken. Die Gemüsemasse in die Pilze füllen. Den Mozzarella aus der Verpackung nehmen, abtropfen lassen und klein gezupft über die Pilze geben. Im vorgeheizten Ofen ca. 20 Minuten backen. In der Zwischenzeit die Pinienkerne in einer beschichteten Pfanne ohne Fett anrösten, bis sie goldbraun sind und aromatisch duften. Aus der Pfanne nehmen und vor dem Servieren über die Pilze streuen.

ZWEIERLEI KOHL
mit Veggie-Bratwurst

1 Den Blumenkohl waschen, putzen, in Röschen zerteilen und in einen Topf geben. Wasser angießen, sodass der Blumenkohl zu ¾ mit Wasser bedeckt ist, ½ Tl Salz dazugeben, den Deckel schließen und den Blumenkohl einmal aufkochen. Dann ca. 15 Minuten köcheln lassen, bis der Kohl gar ist und leicht zerfällt. Anschließend die Blumenkohlröschen abtropfen lassen.

2 In der Zwischenzeit den Grünkohl waschen, putzen und fein hacken. Den Knoblauch schälen und ebenfalls fein hacken. Die Frühlingszwiebeln waschen, putzen und in feine Ringe schneiden.

3 Im Blumenkohltopf 2 Esslöffel Butter zerlassen, den Knoblauch und die Frühlingszwiebeln darin anbraten, dann den Grünkohl dazugeben, salzen und unter Rühren 3–4 Minuten braten, bis die Blätter weicher werden.

4 Gleichzeitig in einer Pfanne die restliche Butter zerlassen und die Bratwürste von allen Seiten anbraten.

5 Den Blumenkohl mit der Sahne zu Püree stampfen. Dieses unter den Grünkohl mischen und mit Salz, Pfeffer und Muskat würzen.

4 Portionen

ca. 35 Minuten

Pro Portion ca. 332 kcal/1390 kJ, 15 g E, 24 g F, 11 g KH

ZUTATEN
1 Blumenkohl (ca. 400 g)
Salz
300 g Grünkohl
2 Knoblauchzehen
2 Frühlingszwiebeln
3 El Butter
4 vegetarische Bratwürste (ca. 200 g)
50 ml Sahne
Pfeffer
2 Prisen frisch geriebene Muskatnuss

KÜRBISCURRY
mit Kokosmilch und Ingwer

 4 Portionen

 ca. 45 Minuten

 Pro Portion ca. 80 kcal/335 kJ, 3 g E, 1 g F, 15 g KH

ZUTATEN

1 kg Hokkaido-Kürbis
1 Stück Ingwerwurzel (ca. 3 cm)
1 Sternanis
8 Pfefferkörner
2 Gewürznelken
1 Zimtstange
400 ml Kokosmilch
1 Tl Garam Masala
1 Tl Fenchelsamen
½ Tl gemahlener Kreuzkümmel
½ Tl gemahlene Kurkuma
1 Lorbeerblatt
2 Knoblauchzehen
½ Bund Koriander
Saft von 1 Limette
1 Tl Salz

1 Den Kürbis waschen, entkernen und in grobe Würfel schneiden. Den Ingwer schälen und reiben.

2 Einen Topf ohne Fett erhitzen und Sternanis, Pfefferkörner, Nelken und Zimtstange darin kurz anrösten. Mit der Kokosmilch ablöschen. Den Kürbis sowie Garam Masala, Ingwer, Fenchelsamen, Kreuzkümmel, Kurkuma und dem Lorbeerblatt hinzufügen.

3 Den Knoblauch durch die Presse drücken und ebenfalls hinzufügen. Alles 30 Minuten im geschlossenen Topf bei schwacher Hitze köcheln lassen, bis der Kürbis weich ist. Eventuell etwas Wasser zufügen, wenn das Curry zu dickflüssig wird.

4 Nach Ende der Garzeit die größeren Gewürzstücke entfernen. Den Koriander waschen, trocken schütteln, die Blättchen hacken und unterheben. Mit Limettensaft und Salz abschmecken.

TEX-MEX-PFANNE
mit Sojaschnetzeln

 4 Portionen

 ca. 40 Minuten

 Pro Portion ca. 351 kcal/1470 kJ, 17 g E, 20 g F, 9 g KH

ZUTATEN

100 g Sojaschnetzel
300 ml Gemüsebrühe
1 Zwiebel
1 rote Paprikaschote
300 g Tomaten
1 Blumenkohl (ca. 300 g)
4 El Rapsöl
1 Tl gemahlener Kreuzkümmel
½ Tl gemahlener Koriander
2 Tl scharfes Paprikapulver
1 Prise Zucker
Salz
175 g geriebener Emmentaler
10 Stängel Koriander
50 g saure Sahne

1 Die Sojaschnetzel mit der Gemüsebrühe aufkochen und 10 Minuten quellen lassen. In der Zwischenzeit die Zwiebel schälen und fein hacken. Die Paprika waschen, putzen und fein würfeln. Die Tomaten waschen, putzen und vierteln. Den Blumenkohl waschen, in Stücke schneiden und portionsweise sehr fein zerkleinern.

2 Die Zwiebel in Rapsöl anbraten, dann die Sojaschnetzel dazugeben und 5 Minuten mitbraten. Anschließend Paprika, Tomaten, Blumenkohl, Kreuzkümmel, Koriander, Paprikapulver und Zucker hinzufügen, salzen und bei mittlerer Hitze 15 Minuten köcheln lassen. Den Emmentaler darübergeben und für weitere 5 Minuten braten. Den Koriander waschen, trocken schütteln, die Blättchen abzupfen und fein hacken. Mit Koriander bestreut und mit einem Klecks saurer Sahne garniert servieren.

TIPP

Wer keine Sojaschnetzel mag, kann auch 1 (!) Veggie-Bratwurst anbraten, klein schneiden und mit in die Pfanne geben.

ZUCCHINIPUFFER
mit Schafskäse-Dip

1 Die Zucchini waschen, putzen und fein raspeln. In eine Schüssel geben, mit ½ Teelöffel Salz vermengen und 20 Minuten ruhen lassen.

2 In der Zwischenzeit die Frühlingszwiebeln waschen, putzen und fein hacken. Den Knoblauch schälen und ebenfalls fein hacken.

3 Für den Dip den Schafskäse mit der sauren Sahne in einer Schüssel verrühren. Die Oliven fein hacken und zusammen mit 2 Esslöffeln gehackten Frühlingszwiebeln unter den Schafskäse-Dip mischen. Mit Salz und Pfeffer abschmecken.

4 Die Zucchini kräftig ausdrücken, dann mit den restlichen Frühlingszwiebeln, Knoblauch, Parmesan, Eiern und Muskat in einer Schüssel vermengen und kräftig mit Salz und Pfeffer würzen.

5 1 Esslöffel Butter und 1 Teelöffel Olivenöl in einer beschichteten Pfanne erhitzen und portionsweise Zucchinipuffer ausbacken, bis sie goldbraun sind. Dazu mit einem Esslöffel Teigportionen in die Pfanne setzen, etwas platt drücken und bei mittlerer Hitze ca. 5 Minuten je Seite backen. Nach der Hälfte des Teiges das restliche Fett in die Pfanne geben. Die fertigen Puffer im Ofen warm halten und am Schluss mit dem Schafskäse-Dip servieren.

4 Portionen

ca. 60 Minuten

Pro Portion ca. 480 kcal/2010 kJ, 30 g E, 35 g F, 11 g KH

ZUTATEN

800 g Zucchini

Salz

1 kleines Bund gehackte Frühlingszwiebeln

2 Knoblauchzehen

200 g Schafskäse

100 g saure Sahne

50 g schwarze Oliven ohne Stein

Pfeffer

100 g geriebener Parmesan

4 Eier

1 Msp. frisch geriebene Muskatnuss

2 El Butter

2 Tl Olivenöl

BUNTE LASAGNE
mit Tomatensauce

1 Die Petersilienwurzeln, die Möhren und die Zwiebel putzen, schälen und fein würfeln. Den Knoblauch schälen und fein hacken. Den Staudensellerie waschen, putzen und ebenfalls fein würfeln. Die Tomaten waschen, vierteln und putzen.

2 2 Esslöffel Olivenöl in einer Pfanne erhitzen und Knoblauch und Zwiebel darin glasig andünsten, Petersilienwurzeln, Möhren und Sellerie dazugeben und für 2–3 Minuten anbraten. Dann die Tomaten und ½ Teelöffel Salz hinzufügen und bei kleiner Hitze und geschlossenem Deckel ca. 25 Minuten köcheln lassen.

3 In der Zwischenzeit die Champignons putzen, halbieren und in einer heißen, beschichteten Pfanne ohne Fett braten, bis das Wasser austritt und wieder verdampft. Dabei immer wieder schwenken. Das restliche Öl dazugeben, die Champignons noch einmal darin schwenken, salzen und pfeffern.

4 Den Backofen auf 180 °C (Umluft nicht empfehlenswert) vorheizen. Die Zucchini waschen, putzen und in dünne Scheiben hobeln. Eine Auflaufform fetten und mit einer Lage Zucchinischeiben auslegen. ⅓ der Tomatensauce darübergeben, ⅓ der Pilze darauf verteilen, ⅓ des Frischkäses und ⅓ des Parmesans darübergeben und schließlich ⅓ des Mozzarellas klein gezupft darauf verteilen. Auf diese Weise die gesamten Zutaten aufbrauchen. Im vorgeheizten Ofen ca. 30 Minuten backen.

4 Portionen

ca. 40 Minuten (plus Backzeit)

Pro Portion ca. 566 kcal/2370 kJ, 36 g E, 40 g F, 15 g KH

ZUTATEN

50 g Petersilienwurzeln
100 g Möhren
1 Zwiebel
1 Knoblauchzehe
200 g Staudensellerie
600 g Tomaten
4 El Olivenöl
Salz
250 g mittelgroße Champignons
Pfeffer
2 große Zucchini (ca. 400 g)
250 g körniger Frischkäse
100 g geriebener Parmesan
300 g Mozzarella

Außerdem
Auflaufform, ca. 30 x 20 cm
Fett für die Form

GEMÜSE SATT

SAUERKRAUT
mit Tofu und Kokosmilch

1 Das Sauerkraut abgießen, abtropfen lassen und kräftig ausdrücken. Den Räuchertofu 1 Zentimeter groß würfeln. Den Knoblauch schälen und fein hacken. Die Paprika waschen, putzen und in 1 Zentimeter große Stücke schneiden.

2 2 Esslöffel festes Kokosfett von der Kokosmilch abnehmen und in einem Topf erhitzen. Den Knoblauch darin anbraten, das Currypulver dazugeben und kurz anrösten, dann den Tofu dazugeben und 2–3 Minuten unter Rühren anbraten, gegebenenfalls noch etwas Fett hinzufügen. Dann Paprika, Kraut, restliche Kokosmilch und Kurkuma dazugeben.

3 Bei offenem Deckel ca. 10 Minuten köcheln lassen. Etwas Flüssigkeit abnehmen, in ein Schälchen geben und mit dem Kokosmehl verrühren. Zurück in den Topf geben und alles gründlich verrühren. Den Tofu-Kraut-Topf mit Salz und Curry abschmecken.

4 Portionen

ca. 30 Minuten

Pro Portion ca. 296 kcal/1239 kJ, 13 g E, 23 g F, 6 g KH

ZUTATEN

300 g Sauerkraut
200 g Räuchertofu
2 Knoblauchzehen
1 rote Paprikaschote
400 ml Kokosmilch
1 El Currypulver
1 Tl gemahlene Kurkuma
1 Tl Kokosmehl
Salz

TIPP

Wer auch den Fettanteil reduzieren möchte, nimmt fettreduzierte Kokosmilch.

WEISSKOHL-TOFU-BOWL

 4 Portionen

 ca. 40 Minuten

 Pro Portion ca. 436 kcal/1825 kJ, 23 g E, 32 g F, 11 g KH

ZUTATEN

400 g Naturtofu
2 El Erdnussmus
(ohne Zucker, ca. 50 g)
3 El Reisessig
8 El geröstetes Sesamöl
7 El Sojasauce
1 Prise Chilipulver
¼ Tl Salz
1 Stück Ingwer (ca. 1 cm)
300 g Weißkohl
200 g Babyspinat
1 große rote Paprikaschote
2 Frühlingszwiebeln

1 Den Tofu aus der Verpackung nehmen und gründlich abtropfen lassen. Mit einem scharfen Messer längs halbieren, die beiden Stücke jeweils zwischen 2 Lagen Küchenpapier legen und mit einem schweren Gegenstand, etwa einer gusseisernen Pfanne oder einer Auflaufform, beschweren, um möglichst viel Flüssigkeit herauszupressen.

2 Den Backofen auf 200 °C Umluft vorheizen. Für die Erdnusssauce das Erdnussmus mit 1 Esslöffel Reisessig, 4 Esslöffeln Sesamöl, 3 Esslöffeln Sojasauce, Chilipulver, Salz und 6 Esslöffeln Wasser zu einer glatten Sauce pürieren.

3 Nun den Tofu aus dem Küchenpapier nehmen und in 1 Zentimeter große Würfel schneiden. Den Ingwer schälen, sehr fein hacken und mit restlichem Sesamöl, restlicher Sojasauce und restlichem Reisessig zu einer Marinade pürieren. Den Tofu in die Marinade geben und gründlich vermengen. Ein Backblech mit Backpapier auslegen, den Tofu darauf luftig verteilen und mit der restlichen Marinade beträufeln. Im vorgeheizten Ofen ca. 20 Minuten backen, dabei einmal wenden. Darauf achten, dass der Tofu nicht verbrennt.

4 In der Zwischenzeit den Kohl waschen, putzen und raspeln. Den Spinat waschen und trocken schütteln. Die Paprika und die Frühlingszwiebeln ebenfalls waschen und putzen, dann die Paprika in Würfel, die Frühlingszwiebeln in feine Ringe schneiden. Kohl, Spinat, Paprika und Frühlingszwiebeln mit dem Erdnussdressing und den Tofuwürfeln in einer Schüssel anrichten.

THAI-TOFU
mit Blumenkohlreis

1 Den Tofu aus der Verpackung nehmen und gründlich abtropfen lassen. Mit einem scharfen Messer längs halbieren, die beiden Stücke jeweils zwischen 2 Lagen Küchenpapier legen und mit einem schweren Gegenstand, etwa einer gusseisernen Pfanne oder einer Auflaufform, ca. 15 Minuten beschweren, um möglichst viel Flüssigkeit herauszupressen.

2 In der Zwischenzeit den Blumenkohl waschen, putzen und die Röschen portionsweise reiskorngroß zerkleinern. Pak Choi, Brokkoli und Sojasprossen ebenfalls waschen und putzen. Den Pak Choi in Streifen schneiden und den Brokkoli in kleine Röschen teilen. Die Knoblauchzehen schälen und fein hacken.

3 1 Teelöffel gehackten Knoblauch mit Sojasauce, 2 Esslöffeln Sesamöl, Chilipulver, Mandelmus und Limettensaft zu einer Marinade verquirlen. Den Tofu in kleine Würfel schneiden und darin marinieren.

4 Wenig Wasser in einem Topf erhitzen. Den Blumenkohl mit dem restlichen Knoblauch vermengen, in ein Sieb geben und über dem kochenden Wasser 10 Minuten dämpfen.

5 Währenddessen 1½ Esslöffel Bratöl in einem Wok bzw. einer Wokpfanne erhitzen und die marinierten Tofuwürfel darin von allen Seiten 6–8 Minuten kross anbraten. Dann das restliche Öl und portionsweise Brokkoli, Pak Choi und zuletzt Sojasprossen dazugeben und alles kurz scharf anbraten. Mit Sojasauce, Chilipulver und Sesamöl abschmecken und zum Blumenkohlreis servieren.

---

4 Portionen

ca. 35 Minuten

Pro Portion ca. 445 kcal/1863 kJ, 27 g E, 32 g F, 11 g KH

ZUTATEN

350 g Naturtofu
1 Blumenkohl (ca. 400 g)
400 g Pak Choi
150 g Brokkoli
200 g Sojasprossen
2 Knoblauchzehen
60 ml Sojasauce
3 El geröstetes Sesamöl
1 Msp. Chilipulver
50 g Mandelmus
2 El Limettensaft
3 El Bratöl

Außerdem
Wok(pfanne)

GEMÜSE SATT

BLUMENKOHLREIS
mit Paprika-Sahne-Sauce

1 Den Blumenkohl waschen, putzen und in Röschen zerteilen. Diese reiskorngroß zerkleinern. Den Knoblauch schälen und fein hacken. Die Paprika waschen, putzen und in feine Streifen schneiden. Die Zwiebel schälen und in feine Ringe schneiden.

2 Die Pinienkerne in einer beschichteten Pfanne ohne Fett bei mittlerer Hitze anrösten, bis sie aromatisch zu duften beginnen. Dann herausnehmen und beiseitestellen. 1 Esslöffel Olivenöl in die Pfanne geben und die Zwiebel und die Paprika darin 2 Minuten anbraten. Sahne, körnigen Frischkäse und Pesto hinzufügen und auf niedriger Stufe ca. 10 Minuten köcheln lassen.

3 In einem Topf das restliche Olivenöl erhitzen und den Knoblauch darin glasig dünsten, dann den Blumenkohl dazugeben, etwas salzen und ca. 5 Minuten unter stetigem Wenden anbraten. Den Parmesan und die Pinienkerne unter den Blumenkohlreis mischen und mit der Paprika-Sahne-Sauce servieren.

---

4 Portionen

ca. 35 Minuten

Pro Portion ca. 486 kcal/2035 kJ, 16 g E, 38 g F, 16 g KH

ZUTATEN

1 großer Blumenkohl (ca. 600 g)

2 Knoblauchzehen

2 rote Paprikaschoten

1 Zwiebel

30 g Pinienkerne

2 El Olivenöl

250 ml Sahne

125 g körniger Frischkäse

75 g Pesto rosso

Salz

30 g geriebener Parmesan

GEMÜSE SATT

Geschichtetes
RATATOUILLE

1 Den Ofen auf 200 °C Ober-/Unterhitze (Umluft 180 °C) vorheizen. Die pürierten Tomaten auf dem Boden einer großen Auflaufform verteilen. Zwiebel und Knoblauch schälen und in feine Würfel schneiden. Zusammen mit den Gewürzen und 1 Esslöffel Olivenöl mit den Tomaten vermischen, mit Salz und Pfeffer abschmecken.

2 Aubergine und Zucchini waschen und putzen. Paprika waschen, trocken tupfen, längs halbieren, Kerne und Scheidewände sowie Stielansätze entfernen. Dann das Gemüse mit einer Mandoline oder einem scharfen Messer in sehr dünne Scheiben schneiden.

3 Die Gemüsescheiben abwechselnd dachziegelartig auf die Tomatensauce schichten, dabei außen beginnen und spiralförmig nach innen arbeiten. Das restliche Olivenöl darübersprenkeln und mit Salz und Pfeffer kräftig würzen.

4 Die Thymianzweige waschen, trocken schütteln und die Blättchen abzupfen. Das Ratatouille damit bestreuen.

5 Die Auflaufform mit Alufolie bedecken und das Ratatouille für 45–55 Minuten in den Ofen schieben, bis das Gemüse keine Flüssigkeit mehr abgibt, aber noch etwas Biss hat.

 4 Portionen

 ca. 1 Stunde 15 Minuten

 Pro Portion ca. 161 kcal/674 kJ, 4 g E, 9 g F, 13 g KH

ZUTATEN

200 g pürierte Tomaten (aus der Dose)
1 kleine Zwiebel
2 Knoblauchzehen
½ Tl getrockneter Oregano
½ Tl Paprikaflocken
2 El Olivenöl
Salz
Pfeffer
1 kleine Aubergine
1 mittelgroße grüne Zucchini
1 mittelgroße gelbe Zucchini
1 große rote Spitzpaprika
2–3 Thymianzweige

Außerdem
Auflaufform, ca. 30 x 20 cm oder rund, ca. 28 cm ø

GEMÜSE SATT

GRILLPÄCKCHEN
mit Tomaten, Oliven und Tofu

4 Portionen

ca. 40 Minuten,
Marinierzeit: ca. 12 Stunden

Pro Portion ca. 309 kcal/1294 kJ,
13 g E, 27 g F, 6 g KH

ZUTATEN

1 Tl Fenchelsamen
2 Schalotten
2 Knoblauchzehen
16 schwarze Oliven
20 Kirschtomaten
4 Kapernäpfel
8 Thymianzweige
2 El weißer Balsamico
60 ml Olivenöl
Salz
Pfeffer
400 g Tofu

1 Fenchelsamen in einer Pfanne ohne Fett kurz rösten, Schalotten schälen und in feine Streifen schneiden. Knoblauch abziehen und durch eine Presse drücken. Oliven entkernen und in feine Streifen schneiden. Tomaten waschen und halbieren. Ggf. Stielansätze entfernen. Kapernäpfel vierteln.

2 Für die Marinade geröstete Fenchelsamen mit Schalotten, Knoblauch, Oliven, Tomaten, Thymian, Balsamico und Olivenöl mischen. Mit Salz und Pfeffer würzen.

3 Tofu trocken tupfen und in 2 Zentimeter große Würfel schneiden. Tofu in eine Schüssel legen und mit der Marinade übergießen. Zugedeckt über Nacht im Kühlschrank ziehen lassen.

4 Die Tofu-Gemüse-Mischung auf 4 Stücke Alufolie verteilen, die Folie rundherum einschlagen und die Päckchen auf dem Grill etwa 15 Minuten garen.

REZEPTVERZEICHNIS

A
Avocados mit Brokkoli und Grillkäse — 78

B
Blumenkohlreis mit Paprika-Sahne-Sauce — 106
Blumenkohlrisotto mit Ei — 74
Brokkolinudeln mit Zitrone und Salbei — 40

F
Fenchelgratin mit Ziegenkäse und Himbeeren — 80
Feta-Gemüse aus dem Ofen — 70

G
Gazpacho mit Avocado und Spinat, grüne — 28
Grillpäckchen mit Tomaten, Oliven und Tofu — 110

H
Halloumi mit Spargel und Pesto — 68

K
Kartoffelsalat, falscher — 22
Käse-Lauch-Suppe, wärmende — 36
Kohl mit Veggie-Bratwurst, zweierlei — 90
Kohlrabinudeln mit Auberginencreme — 48
Kräuteromelett mit Tomaten und Rucola — 60
Kürbiscurry mit Kokosmilch und Ingwer — 92
Kürbisnudeln mit Lauch und Räuchertofu — 50
Kürbisspaghetti mit Mangold-Ricotta-Sauce — 42

L
Lasagne mit Tomatensauce, bunte — 98

M
Melonensalat mit Gurke und Schafskäse — 18
Möhrennudeln mit Gewürzbutter — 44

O
Ofenkäse mit Petersilienwurzelsticks — 84
Omelett nach Pizza-Art — 62

P
Paprikasuppe mit Cashew-Parmesan-Pesto — 30
Paprika-Tomaten-Auflauf — 72
Pilzpfanne mit Mozzarella und Zucchini — 66
Portobello-Pilze mit Auberginen und Oliven — 88

R
Ratatouille, geschichtetes — 108
Rotkohlsalat mit Camembert — 16
Rucolasalat mit Tomaten und Burrata — 26

S
Salat-Tacos mit Halloumi und Tomaten-Salsa — 82
Sauerkraut mit Tofu und Kokosmilch — 100
Schichtsalat mit Avocado und Feta — 14
Sellerienudeln mit cremiger Paprikasauce — 54
Sellerienudeln mit grünen Bohnen — 46
Spiegeleipfanne mit Fenchel und Avocado — 64
Spinatsalat mit Brokkoli
  und Blauschimmelkäse — 20
Süßkartoffeln mit Eier-Tartar — 58

T
Tex-Mex-Pfanne mit Sojaschnetzeln — 94
Thai-Suppe mit Shiitake und Kokosmilch — 32
Thai-Tofu mit Blumenkohlreis — 104
Tomatensuppe, cremige — 34

W
Weisskohl-Tofu-Bowl — 102

Z
Zucchinicarpaccio — 24
Zucchinigratin mit Brie und Emmentaler — 76
Zucchininudeln mit Zitronen-Spargel-Sauce — 52
Zucchinipuffer mit Schafskäse-Dip — 96